Cats - Themed

TWO YEAR

MONTHLY PLANNER

2021 - 2022

PERSONAL INFORMATION

NAME

ADDRESS

NAME

PHONE

EMAIL

EMERGENCY CONTACTS

NAME

RELATIONSHIP

CONTACT DETAILS

NAME

RELATIONSHIP

CONTACT DETAILS

NAME

RELATIONSHIP

CONTACT DETAILS

CONTACTS

Name
Address
City State Zip
Phone
Email
Birthday

Name
Address
City State Zip
Phone
Email
Birthday

Name
Address
City State Zip
Phone
Email
Birthday

Name
Address
City State Zip
Phone
Email
Birthday

Name
Address
City State Zip
Phone
Email
Birthday

Name
Address
City State Zip
Phone
Email
Birthday

Name
Address
City State Zip
Phone
Email
Birthday

Name
Address
City State Zip
Phone
Email
Birthday

CONTACTS

Name
Address
City State Zip
Phone
Email
Birthday

Name
Address
City State Zip
Phone
Email
Birthday

Name
Address
City State Zip
Phone
Email
Birthday

Name
Address
City State Zip
Phone
Email
Birthday

Name
Address
City State Zip
Phone
Email
Birthday

Name
Address
City State Zip
Phone
Email
Birthday

Name
Address
City State Zip
Phone
Email
Birthday

Name
Address
City State Zip
Phone
Email
Birthday

CONTACTS

Name
Address
City State Zip
Phone
Email
Birthday

Name
Address
City State Zip
Phone
Email
Birthday

Name
Address
City State Zip
Phone
Email
Birthday

Name
Address
City State Zip
Phone
Email
Birthday

Name
Address
City State Zip
Phone
Email
Birthday

Name
Address
City State Zip
Phone
Email
Birthday

Name
Address
City State Zip
Phone
Email
Birthday

Name
Address
City State Zip
Phone
Email
Birthday

CONTACTS

Name
Address
City State Zip
Phone
Email
Birthday

Name
Address
City State Zip
Phone
Email
Birthday

Name
Address
City State Zip
Phone
Email
Birthday

Name
Address
City State Zip
Phone
Email
Birthday

Name
Address
City State Zip
Phone
Email
Birthday

Name
Address
City State Zip
Phone
Email
Birthday

Name
Address
City State Zip
Phone
Email
Birthday

Name
Address
City State Zip
Phone
Email
Birthday

2021

2021

January

S	M	T	W	T	F	S
					1	2
3	4	5	6	7	8	9
10	11	12	13	14	15	16
17	18	19	20	21	22	23
24	25	26	27	28	29	30
31						

February

S	M	T	W	T	F	S
	1	2	3	4	5	6
7	8	9	10	11	12	13
14	15	16	17	18	19	20
21	22	23	24	25	26	27
28						

March

S	M	T	W	T	F	S
	1	2	3	4	5	6
7	8	9	10	11	12	13
14	15	16	17	18	19	20
21	22	23	24	25	26	27
28	29	30	31			

April

S	M	T	W	T	F	S
				1	2	3
4	5	6	7	8	9	10
11	12	13	14	15	16	17
18	19	20	21	22	23	24
25	26	27	28	29	30	

May

S	M	T	W	T	F	S
						1
2	3	4	5	6	7	8
9	10	11	12	13	14	15
16	17	18	19	20	21	22
23	24	25	26	27	28	29
30	31					

June

S	M	T	W	T	F	S
		1	2	3	4	5
6	7	8	9	10	11	12
13	14	15	16	17	18	19
20	21	22	23	24	25	26
27	28	29	30			

July

S	M	T	W	T	F	S
				1	2	3
4	5	6	7	8	9	10
11	12	13	14	15	16	17
18	19	20	21	22	23	24
25	26	27	28	29	30	31

August

S	M	T	W	T	F	S
1	2	3	4	5	6	7
8	9	10	11	12	13	14
15	16	17	18	19	20	21
22	23	24	25	26	27	28
29	30	31				

September

S	M	T	W	T	F	S
			1	2	3	4
5	6	7	8	9	10	11
12	13	14	15	16	17	18
19	20	21	22	23	24	25
26	27	28	29	30		

October

S	M	T	W	T	F	S
					1	2
3	4	5	6	7	8	9
10	11	12	13	14	15	16
17	18	19	20	21	22	23
24	25	26	27	28	29	30
31						

November

S	M	T	W	T	F	S
	1	2	3	4	5	6
7	8	9	10	11	12	13
14	15	16	17	18	19	20
21	22	23	24	25	26	27
28	29	30				

December

S	M	T	W	T	F	S
			1	2	3	4
5	6	7	8	9	10	11
12	13	14	15	16	17	18
19	20	21	22	23	24	25
26	27	28	29	30	31	

YEAR AT A GLANCE

January	February	March
April	May	June

2021

July	August	September

October	November	December

GOALS AND DREAMS

2021

JANUARY

Important this Month:

S	M	T	W	T	F	S
					1	2
3	4	5	6	7	8	9
10	11	12	13	14	15	16
17	18	19	20	21	22	23
24	25	26	27	28	29	30
31						

GOALS

Birthdays and Anniversaries

MONTHLY BUDGET

2021

Initial Balance	

INCOME

Date	Description	Amount

FIXED EXPENSES

Date	Description	Amount

OTHER EXPENSES

Date	Description	Amount

Total Income	
Total Fixed Expenses	
Total Other Expenses	
Net Balance	

JANUARY

SUNDAY	MONDAY	TUESDAY	WEDNESDAY
3	4	5	6
10	11	12	13
17	18	19	20
24	25	26	27
31	**Notes**		

2021

TO DO

THURSDAY	FRIDAY	SATURDAY
	1	2
7	8	9
14	15	16
21	22	23
28	29	30

December 2020

S	M	T	W	T	F	S
		1	2	3	4	5
6	7	8	9	10	11	12
13	14	15	16	17	18	19
20	21	22	23	24	25	26
27	28	29	30	31		

February

S	M	T	W	T	F	S
	1	2	3	4	5	6
7	8	9	10	11	12	13
14	15	16	17	18	19	20
21	22	23	24	25	26	27
28						

FEBRUARY

Important this Month:

S	M	T	W	T	F	S
	1	2	3	4	5	6
7	8	9	10	11	12	13
14	15	16	17	18	19	20
21	22	23	24	25	26	27
28						

GOALS

Birthdays and Anniversaries

2021

Initial Balance

INCOME

Date	Description	Amount

FIXED EXPENSES

Date	Description	Amount

OTHER EXPENSES

Date	Description	Amount

Total Income	
Total Fixed Expenses	
Total Other Expenses	
Net Balance	

FEBRUARY

SUNDAY	MONDAY	TUESDAY	WEDNESDAY
	1	2	3
7	8	9	10
14	15	16	17
21	22	23	24
28			

Notes

2021

TO DO

THURSDAY	FRIDAY	SATURDAY	TO DO
4	5	6	
11	12	13	
18	19	20	
25	26	27	

January

S	M	T	W	T	F	S
					1	2
3	4	5	6	7	8	9
10	11	12	13	14	15	16
17	18	19	20	21	22	23
24	25	26	27	28	29	30
31						

March

S	M	T	W	T	F	S
	1	2	3	4	5	6
7	8	9	10	11	12	13
14	15	16	17	18	19	20
21	22	23	24	25	26	27
28	29	30	31			

MARCH

Important this Month:

S	M	T	W	T	F	S
	1	2	3	4	5	6
7	8	9	10	11	12	13
14	15	16	17	18	19	20
21	22	23	24	25	26	27
28	29	30	31			

GOALS

Birthdays and Anniversaries

MONTHLY BUDGET

2021

Initial Balance

INCOME

Date	Description	Amount

FIXED EXPENSES

Date	Description	Amount

OTHER EXPENSES

Date	Description	Amount

Total Income	
Total Fixed Expenses	
Total Other Expenses	
Net Balance	

SUNDAY	MONDAY	TUESDAY	WEDNESDAY
	1	2	3
7	8	9	10
14	15	16	17
21	22	23	24
28	29	30	31

Notes

2021

THURSDAY	FRIDAY	SATURDAY	TO DO
4	5	6	
11	12	13	
18	19	20	
25	26	27	

February

S	M	T	W	T	F	S
	1	2	3	4	5	6
7	8	9	10	11	12	13
14	15	16	17	18	19	20
21	22	23	24	25	26	27
28						

April

S	M	T	W	T	F	S
				1	2	3
4	5	6	7	8	9	10
11	12	13	14	15	16	17
18	19	20	21	22	23	24
25	26	27	28	29	30	

APRIL

Important this Month:

S	M	T	W	T	F	S
				1	2	3
4	5	6	7	8	9	10
11	12	13	14	15	16	17
18	19	20	21	22	23	24
25	26	27	28	29	30	

GOALS

Birthdays and Anniversaries

MONTHLY BUDGET    2021

Initial Balance	

INCOME

Date	Description	Amount

FIXED EXPENSES

Date	Description	Amount

OTHER EXPENSES

Date	Description	Amount

Total Income	
Total Fixed Expenses	
Total Other Expenses	
Net Balance	

APRIL

SUNDAY	MONDAY	TUESDAY	WEDNESDAY
4	5	6	7
11	12	13	14
18	19	20	21
25	26	27	28

Notes

THURSDAY	FRIDAY	SATURDAY	TO DO
1	2	3	
8	9	10	
15	16	17	
22	23	24	
29	30		

March

S	M	T	W	T	F	S
	1	2	3	4	5	6
7	8	9	10	11	12	13
14	15	16	17	18	19	20
21	22	23	24	25	26	27
28	29	30	31			

May

S	M	T	W	T	F	S
						1
2	3	4	5	6	7	8
9	10	11	12	13	14	15
16	17	18	19	20	21	22
23	24	25	26	27	28	29
30	31					

MAY

Important this Month:

S	M	T	W	T	F	S
						1
2	3	4	5	6	7	8
9	10	11	12	13	14	15
16	17	18	19	20	21	22
23	24	25	26	27	28	29
30	31					

GOALS

Birthdays and Anniversaries

MONTHLY BUDGET

2021

Initial Balance	

INCOME

Date	Description	Amount

FIXED EXPENSES

Date	Description	Amount

OTHER EXPENSES

Date	Description	Amount

Total Income	
Total Fixed Expenses	
Total Other Expenses	
Net Balance	

SUNDAY	MONDAY	TUESDAY	WEDNESDAY
2	3	4	5
9	10	11	12
16	17	18	19
23	24	25	26
30	31		

Notes

2021

TO DO

THURSDAY	FRIDAY	SATURDAY
		1
6	7	8
13	14	15
20	21	22
27	28	29

April

S	M	T	W	T	F	S
				1	2	3
4	5	6	7	8	9	10
11	12	13	14	15	16	17
18	19	20	21	22	23	24
25	26	27	28	29	30	

June

S	M	T	W	T	F	S
		1	2	3	4	5
6	7	8	9	10	11	12
13	14	15	16	17	18	19
20	21	22	23	24	25	26
27	28	29	30			

JUNE

Important this Month:

S	M	T	W	T	F	S
		1	2	3	4	5
6	7	8	9	10	11	12
13	14	15	16	17	18	19
20	21	22	23	24	25	26
27	28	29	30			

GOALS

Birthdays and Anniversaries

MONTHLY BUDGET

2021

Initial Balance	

INCOME

Date	Description	Amount

FIXED EXPENSES

Date	Description	Amount

OTHER EXPENSES

Date	Description	Amount

Total Income	
Total Fixed Expenses	
Total Other Expenses	
Net Balance	

JUNE

SUNDAY	MONDAY	TUESDAY	WEDNESDAY
		1	2
6	7	8	9
13	14	15	16
20	21	22	23
27	28	29	30

Notes

2021

THURSDAY	FRIDAY	SATURDAY	TO DO
3	4	5	
10	11	12	
17	18	19	
24	25	26	

May

S	M	T	W	T	F	S
						1
2	3	4	5	6	7	8
9	10	11	12	13	14	15
16	17	18	19	20	21	22
23	24	25	26	27	28	29
30	31					

July

S	M	T	W	T	F	S
				1	2	3
4	5	6	7	8	9	10
11	12	13	14	15	16	17
18	19	20	21	22	23	24
25	26	27	28	29	30	31

JULY 

Important this Month:

S	M	T	W	T	F	S
				1	2	3
4	5	6	7	8	9	10
11	12	13	14	15	16	17
18	19	20	21	22	23	24
25	26	27	28	29	30	31

GOALS

Birthdays and Anniversaries

MONTHLY BUDGET

2021

Initial Balance	

INCOME

Date	Description	Amount

FIXED EXPENSES

Date	Description	Amount

OTHER EXPENSES

Date	Description	Amount

Total Income	
Total Fixed Expenses	
Total Other Expenses	
Net Balance	

JULY

SUNDAY	MONDAY	TUESDAY	WEDNESDAY
4	5	6	7
11	12	13	14
18	19	20	21
25	26	27	28

Notes

2021

TO DO

THURSDAY	FRIDAY	SATURDAY
1	2	3
8	9	10
15	16	17
22	23	24
29	30	31

June

S	M	T	W	T	F	S
		1	2	3	4	5
6	7	8	9	10	11	12
13	14	15	16	17	18	19
20	21	22	23	24	25	26
27	28	29	30			

August

S	M	T	W	T	F	S
1	2	3	4	5	6	7
8	9	10	11	12	13	14
15	16	17	18	19	20	21
22	23	24	25	26	27	28
29	30	31				

AUGUST

Important this Month:

S	M	T	W	T	F	S
1	2	3	4	5	6	7
8	9	10	11	12	13	14
15	16	17	18	19	20	21
22	23	24	25	26	27	28
29	30	31				

GOALS

Birthdays and Anniversaries

2021

Initial Balance	

INCOME

Date	Description	Amount

FIXED EXPENSES

Date	Description	Amount

OTHER EXPENSES

Date	Description	Amount

Total Income	
Total Fixed Expenses	
Total Other Expenses	
Net Balance	

AUGUST

SUNDAY	MONDAY	TUESDAY	WEDNESDAY
1	2	3	4
8	9	10	11
15	16	17	18
22	23	24	25
29	30	31	

Notes

2021

THURSDAY	FRIDAY	SATURDAY	TO DO
5	6	7	
12	13	14	
19	20	21	
26	27	28	

July

S	M	T	W	T	F	S
				1	2	3
4	5	6	7	8	9	10
11	12	13	14	15	16	17
18	19	20	21	22	23	24
25	26	27	28	29	30	31

September

S	M	T	W	T	F	S
			1	2	3	4
5	6	7	8	9	10	11
12	13	14	15	16	17	18
19	20	21	22	23	24	25
26	27	28	29	30		

SEPTEMBER

Important this Month:

S	M	T	W	T	F	S
			1	2	3	4
5	6	7	8	9	10	11
12	13	14	15	16	17	18
19	20	21	22	23	24	25
26	27	28	29	30		

GOALS

Birthdays and Anniversaries

MONTHLY BUDGET    **2021**

Initial Balance	

INCOME

Date	Description	Amount

FIXED EXPENSES

Date	Description	Amount

OTHER EXPENSES

Date	Description	Amount

Total Income	
Total Fixed Expenses	
Total Other Expenses	
Net Balance	

SEPTEMBER

SUNDAY	MONDAY	TUESDAY	WEDNESDAY
			1
5	6	7	8
12	13	14	15
19	20	21	22
26	27	28	29

Notes

2021

THURSDAY	FRIDAY	SATURDAY	TO DO
2	3	4	
9	10	11	
16	17	18	
23	24	25	
30			

August

S	M	T	W	T	F	S
1	2	3	4	5	6	7
8	9	10	11	12	13	14
15	16	17	18	19	20	21
22	23	24	25	26	27	28
29	30	31				

October

S	M	T	W	T	F	S
					1	2
3	4	5	6	7	8	9
10	11	12	13	14	15	16
17	18	19	20	21	22	23
24	25	26	27	28	29	30
31						

OCTOBER

Important this Month:

S	M	T	W	T	F	S
					1	2
3	4	5	6	7	8	9
10	11	12	13	14	15	16
17	18	19	20	21	22	23
24	25	26	27	28	29	30
31						

GOALS

Birthdays and Anniversaries

MONTHLY BUDGET    2021

Initial Balance	

INCOME

Date	Description	Amount

FIXED EXPENSES

Date	Description	Amount

OTHER EXPENSES

Date	Description	Amount

Total Income	
Total Fixed Expenses	
Total Other Expenses	
Net Balance	

OCTOBER

SUNDAY	MONDAY	TUESDAY	WEDNESDAY
3	4	5	6
10	11	12	13
17	18	19	20
24	25	26	27
31	**Notes**		

2021

TO DO

THURSDAY	FRIDAY	SATURDAY
1	2	3
7	8	9
14	15	16
21	22	23
28	29	30

September

S	M	T	W	T	F	S
			1	2	3	4
5	6	7	8	9	10	11
12	13	14	15	16	17	18
19	20	21	22	23	24	25
26	27	28	29	30		

November

S	M	T	W	T	F	S
	1	2	3	4	5	6
7	8	9	10	11	12	13
14	15	16	17	18	19	20
21	22	23	24	25	26	27
28	29	30				

NOVEMBER

Important this Month:

S	M	T	W	T	F	S
	1	2	3	4	5	6
7	8	9	10	11	12	13
14	15	16	17	18	19	20
21	22	23	24	25	26	27
28	29	30				

GOALS

Birthdays and Anniversaries

MONTHLY BUDGET    2021

Initial Balance	

INCOME

Date	Description	Amount

FIXED EXPENSES

Date	Description	Amount

OTHER EXPENSES

Date	Description	Amount

Total Income	
Total Fixed Expenses	
Total Other Expenses	
Net Balance	

NOVEMBER

SUNDAY	MONDAY	TUESDAY	WEDNESDAY
	1	2	3
7	8	9	10
14	15	16	17
21	22	23	24
28	29	30	

Notes

2021

THURSDAY	FRIDAY	SATURDAY	TO DO
4	5	6	
11	12	13	
18	19	20	
25	26	27	

October

S	M	T	W	T	F	S
					1	2
3	4	5	6	7	8	9
10	11	12	13	14	15	16
17	18	19	20	21	22	23
24	25	26	27	28	29	30
31						

December

S	M	T	W	T	F	S
			1	2	3	4
5	6	7	8	9	10	11
12	13	14	15	16	17	18
19	20	21	22	23	24	25
26	27	28	29	30	31	

DECEMBER

Important this Month:

S	M	T	W	T	F	S
			1	2	3	4
5	6	7	8	9	10	11
12	13	14	15	16	17	18
19	20	21	22	23	24	25
26	27	28	29	30	31	

GOALS

Birthdays and Anniversaries

MONTHLY BUDGET

2021

Initial Balance	

INCOME

Date	Description	Amount

FIXED EXPENSES

Date	Description	Amount

OTHER EXPENSES

Date	Description	Amount

Total Income	
Total Fixed Expenses	
Total Other Expenses	
Net Balance	

DECEMBER

SUNDAY	MONDAY	TUESDAY	WEDNESDAY
			1
5	6	7	8
12	13	14	15
19	20	21	22
26	27	28	29

Notes

2021

TO DO

THURSDAY	FRIDAY	SATURDAY	
2	3	4	
9	10	11	
16	17	18	
23	24	25	
30	31		

November

S	M	T	W	T	F	S
	1	2	3	4	5	6
7	8	9	10	11	12	13
14	15	16	17	18	19	20
21	22	23	24	25	26	27
28	29	30				

January 2022

S	M	T	W	T	F	S
						1
2	3	4	5	6	7	8
9	10	11	12	13	14	15
16	17	18	19	20	21	22
23	24	25	26	27	28	29
30	31					

2022

2022

January

S	M	T	W	T	F	S
						1
2	3	4	5	6	7	8
9	10	11	12	13	14	15
16	17	18	19	20	21	22
23	24	25	26	27	28	29
30	31					

February

S	M	T	W	T	F	S
		1	2	3	4	5
6	7	8	9	10	11	12
13	14	15	16	17	18	19
20	21	22	23	24	25	26
27	28					

March

S	M	T	W	T	F	S
		1	2	3	4	5
6	7	8	9	10	11	12
13	14	15	16	17	18	19
20	21	22	23	24	25	26
27	28	29	30	31		

April

S	M	T	W	T	F	S
					1	2
3	4	5	6	7	8	9
10	11	12	13	14	15	16
17	18	19	20	21	22	23
24	25	26	27	28	29	30

May

S	M	T	W	T	F	S
1	2	3	4	5	6	7
8	9	10	11	12	13	14
15	16	17	18	19	20	21
22	23	24	25	26	27	28
29	30	31				

June

S	M	T	W	T	F	S
			1	2	3	4
5	6	7	8	9	10	11
12	13	14	15	16	17	18
19	20	21	22	23	24	25
26	27	28	29	30		

July

S	M	T	W	T	F	S
					1	2
3	4	5	6	7	8	9
10	11	12	13	14	15	16
17	18	19	20	21	22	23
24	25	26	27	28	29	30
31						

August

S	M	T	W	T	F	S
	1	2	3	4	5	6
7	8	9	10	11	12	13
14	15	16	17	18	19	20
21	22	23	24	25	26	27
28	29	30	31			

September

S	M	T	W	T	F	S
				1	2	3
4	5	6	7	8	9	10
11	12	13	14	15	16	17
18	19	20	21	22	23	24
25	26	27	28	29	30	

October

S	M	T	W	T	F	S
						1
2	3	4	5	6	7	8
9	10	11	12	13	14	15
16	17	18	19	20	21	22
23	24	25	26	27	28	29
30	31					

November

S	M	T	W	T	F	S
		1	2	3	4	5
6	7	8	9	10	11	12
13	14	15	16	17	18	19
20	21	22	23	24	25	26
27	28	29	30			

December

S	M	T	W	T	F	S
				1	2	3
4	5	6	7	8	9	10
11	12	13	14	15	16	17
18	19	20	21	22	23	24
25	26	27	28	29	30	31

YEAR AT A GLANCE

January	February	March

April	May	June

2022

July	August	September
October	November	December

GOALS AND DREAMS

2022

JANUARY

Important this Month:

S	M	T	W	T	F	S
						1
2	3	4	5	6	7	8
9	10	11	12	13	14	15
16	17	18	19	20	21	22
23	24	25	26	27	28	29
30	31					

GOALS

Birthdays and Anniversaries

MONTHLY BUDGET

2021

Initial Balance	

INCOME

Date	Description	Amount

FIXED EXPENSES

Date	Description	Amount

OTHER EXPENSES

Date	Description	Amount

Total Income	
Total Fixed Expenses	
Total Other Expenses	
Net Balance	

JANUARY

SUNDAY	MONDAY	TUESDAY	WEDNESDAY
2	3	4	5
9	10	11	12
16	17	18	19
23	24	25	26
30	31	**Notes**	

THURSDAY	FRIDAY	SATURDAY	TO DO
		1	
6	7	8	
13	14	15	
20	21	22	
27	28	29	

December 2021

S	M	T	W	T	F	S
			1	2	3	4
5	6	7	8	9	10	11
12	13	14	15	16	17	18
19	20	21	22	23	24	25
26	27	28	29	30	31	

February

S	M	T	W	T	F	S
		1	2	3	4	5
6	7	8	9	10	11	12
13	14	15	16	17	18	19
20	21	22	23	24	25	26
27	28					

Important this Month:

S	M	T	W	T	F	S
		1	2	3	4	5
6	7	8	9	10	11	12
13	14	15	16	17	18	19
20	21	22	23	24	25	26
27	28					

GOALS

Birthdays and Anniversaries

2021

Initial Balance	

INCOME

Date	Description	Amount

FIXED EXPENSES

Date	Description	Amount

OTHER EXPENSES

Date	Description	Amount

Total Income	
Total Fixed Expenses	
Total Other Expenses	
Net Balance	

SUNDAY	MONDAY	TUESDAY	WEDNESDAY
		1	2
6	7	8	9
13	14	15	16
20	21	22	23
27	28		

Notes

2022

TO DO

THURSDAY	FRIDAY	SATURDAY
3	4	5
10	11	12
17	18	19
24	25	26

January

S	M	T	W	T	F	S
						1
2	3	4	5	6	7	8
9	10	11	12	13	14	15
16	17	18	19	20	21	22
23	24	25	26	27	28	29
30	31					

March

S	M	T	W	T	F	S
		1	2	3	4	5
6	7	8	9	10	11	12
13	14	15	16	17	18	19
20	21	22	23	24	25	26
27	28	29	30	31		

MARCH

Important this Month:

S	M	T	W	T	F	S
		1	2	3	4	5
6	7	8	9	10	11	12
13	14	15	16	17	18	19
20	21	22	23	24	25	26
27	28	29	30	31		

GOALS

Birthdays and Anniversaries

MONTHLY BUDGET

2021

Initial Balance	

INCOME

Date	Description	Amount

FIXED EXPENSES

Date	Description	Amount

OTHER EXPENSES

Date	Description	Amount

Total Income	
Total Fixed Expenses	
Total Other Expenses	
Net Balance	

MARCH

SUNDAY	MONDAY	TUESDAY	WEDNESDAY
		1	2
6	7	8	9
13	14	15	16
20	21	22	23
27	28	29	30

Notes

2022

THURSDAY	FRIDAY	SATURDAY	TO DO
3	4	5	
10	11	12	
17	18	19	
24	25	26	
31			

February

S	M	T	W	T	F	S
		1	2	3	4	5
6	7	8	9	10	11	12
13	14	15	16	17	18	19
20	21	22	23	24	25	26
27	28					

April

S	M	T	W	T	F	S
					1	2
3	4	5	6	7	8	9
10	11	12	13	14	15	16
17	18	19	20	21	22	23
24	25	26	27	28	29	30

APRIL

Important this Month:

S	M	T	W	T	F	S
					1	2
3	4	5	6	7	8	9
10	11	12	13	14	15	16
17	18	19	20	21	22	23
24	25	26	27	28	29	30

GOALS

Birthdays and Anniversaries

MONTHLY BUDGET

2021

Initial Balance	

INCOME

Date	Description	Amount

FIXED EXPENSES

Date	Description	Amount

OTHER EXPENSES

Date	Description	Amount

Total Income	
Total Fixed Expenses	
Total Other Expenses	
Net Balance	

APRIL

SUNDAY	MONDAY	TUESDAY	WEDNESDAY
3	4	5	6
10	11	12	13
17	18	19	20
24	25	26	27

Notes

2022

TO DO

THURSDAY	FRIDAY	SATURDAY	
	1	2	
7	8	9	
14	15	16	
21	22	23	
28	29	30	

March

S	M	T	W	T	F	S
		1	2	3	4	5
6	7	8	9	10	11	12
13	14	15	16	17	18	19
20	21	22	23	24	25	26
27	28	29	30	31		

May

S	M	T	W	T	F	S
1	2	3	4	5	6	7
8	9	10	11	12	13	14
15	16	17	18	19	20	21
22	23	24	25	26	27	28
29	30	31				

Important this Month:

S	M	T	W	T	F	S
1	2	3	4	5	6	7
8	9	10	11	12	13	14
15	16	17	18	19	20	21
22	23	24	25	26	27	28
29	30	31				

GOALS

Birthdays and Anniversaries

2021

Initial Balance	

INCOME

Date	Description	Amount

FIXED EXPENSES

Date	Description	Amount

OTHER EXPENSES

Date	Description	Amount

Total Income	
Total Fixed Expenses	
Total Other Expenses	
Net Balance	

MAY

SUNDAY	MONDAY	TUESDAY	WEDNESDAY
1	2	3	4
8	9	10	11
15	16	17	18
22	23	24	25
29	30	31	

Notes

2022

TO DO

THURSDAY	FRIDAY	SATURDAY
5	6	7
12	13	14
19	20	21
26	27	28

April

S	M	T	W	T	F	S
					1	2
3	4	5	6	7	8	9
10	11	12	13	14	15	16
17	18	19	20	21	22	23
24	25	26	27	28	29	30

June

S	M	T	W	T	F	S
			1	2	3	4
5	6	7	8	9	10	11
12	13	14	15	16	17	18
19	20	21	22	23	24	25
26	27	28	29	30		

JUNE

Important this Month:

S	M	T	W	T	F	S
			1	2	3	4
5	6	7	8	9	10	11
12	13	14	15	16	17	18
19	20	21	22	23	24	25
26	27	28	29	30		

GOALS

Birthdays and Anniversaries

MONTHLY BUDGET

2021

Initial Balance	

INCOME

Date	Description	Amount

FIXED EXPENSES

Date	Description	Amount

OTHER EXPENSES

Date	Description	Amount

Total Income	
Total Fixed Expenses	
Total Other Expenses	
Net Balance	

JUNE

SUNDAY	MONDAY	TUESDAY	WEDNESDAY
			1
5	6	7	8
12	13	14	15
19	20	21	22
26	27	28	29

Notes

2022

TO DO

THURSDAY	FRIDAY	SATURDAY
2	3	4
9	10	11
16	17	18
23	24	25
30		

May

S	M	T	W	T	F	S
1	2	3	4	5	6	7
8	9	10	11	12	13	14
15	16	17	18	19	20	21
22	23	24	25	26	27	28
29	30	31				

July

S	M	T	W	T	F	S
					1	2
3	4	5	6	7	8	9
10	11	12	13	14	15	16
17	18	19	20	21	22	23
24	25	26	27	28	29	30
31						

JULY

Important this Month:

S	M	T	W	T	F	S
					1	2
3	4	5	6	7	8	9
10	11	12	13	14	15	16
17	18	19	20	21	22	23
24	25	26	27	28	29	30
31						

GOALS

Birthdays and Anniversaries

MONTHLY BUDGET

2021

Initial Balance	

INCOME

Date	Description	Amount

FIXED EXPENSES

Date	Description	Amount

OTHER EXPENSES

Date	Description	Amount

Total Income	
Total Fixed Expenses	
Total Other Expenses	
Net Balance	

JULY

SUNDAY	MONDAY	TUESDAY	WEDNESDAY
3	4	5	6
10	11	12	13
17	18	19	20
24	25	26	27
31	**Notes**		

2022

THURSDAY	FRIDAY	SATURDAY	TO DO
	1	2	
7	8	9	
14	15	16	
21	22	23	
28	29	30	

June

S	M	T	W	T	F	S
			1	2	3	4
5	6	7	8	9	10	11
12	13	14	15	16	17	18
19	20	21	22	23	24	25
26	27	28	29	30		

August

S	M	T	W	T	F	S
	1	2	3	4	5	6
7	8	9	10	11	12	13
14	15	16	17	18	19	20
21	22	23	24	25	26	27
28	29	30	31			

AUGUST

Important this Month:

S	M	T	W	T	F	S
	1	2	3	4	5	6
7	8	9	10	11	12	13
14	15	16	17	18	19	20
21	22	23	24	25	26	27
28	29	30	31			

GOALS

Birthdays and Anniversaries

2021

Initial Balance

INCOME

Date	Description	Amount

FIXED EXPENSES

Date	Description	Amount

OTHER EXPENSES

Date	Description	Amount

Total Income	
Total Fixed Expenses	
Total Other Expenses	
Net Balance	

AUGUST

SUNDAY	MONDAY	TUESDAY	WEDNESDAY
	1	2	3
7	8	9	10
14	15	16	17
21	22	23	24
28	29	30	31

Notes

2022

TO DO

THURSDAY	FRIDAY	SATURDAY	TO DO
4	5	6	
11	12	13	
18	19	20	
25	26	27	

July

S	M	T	W	T	F	S
					1	2
3	4	5	6	7	8	9
10	11	12	13	14	15	16
17	18	19	20	21	22	23
24	25	26	27	28	29	30
31						

September

S	M	T	W	T	F	S
				1	2	3
4	5	6	7	8	9	10
11	12	13	14	15	16	17
18	19	20	21	22	23	24
25	26	27	28	29	30	

SEPTEMBER

Important this Month:

S	M	T	W	T	F	S
				1	2	3
4	5	6	7	8	9	10
11	12	13	14	15	16	17
18	19	20	21	22	23	24
25	26	27	28	29	30	

GOALS

Birthdays and Anniversaries

MONTHLY BUDGET    2021

Initial Balance	

INCOME

Date	Description	Amount

FIXED EXPENSES

Date	Description	Amount

OTHER EXPENSES

Date	Description	Amount

Total Income	
Total Fixed Expenses	
Total Other Expenses	
Net Balance	

SEPTEMBER

SUNDAY	MONDAY	TUESDAY	WEDNESDAY
4	5	6	7
11	12	13	14
18	19	20	21
25	26	27	28

Notes

TO DO

THURSDAY	FRIDAY	SATURDAY	
1	2	3	
8	9	10	
15	16	17	
22	23	24	
29	30		

August

S	M	T	W	T	F	S
	1	2	3	4	5	6
7	8	9	10	11	12	13
14	15	16	17	18	19	20
21	22	23	24	25	26	27
28	29	30	31			

October

S	M	T	W	T	F	S
						1
2	3	4	5	6	7	8
9	10	11	12	13	14	15
16	17	18	19	20	21	22
23	24	25	26	27	28	29
30	31					

OCTOBER

Important this Month:

S	M	T	W	T	F	S
						1
2	3	4	5	6	7	8
9	10	11	12	13	14	15
16	17	18	19	20	21	22
23	24	25	26	27	28	29
30	31					

GOALS

Birthdays and Anniversaries

MONTHLY BUDGET

2021

Initial Balance	

INCOME

Date	Description	Amount

FIXED EXPENSES

Date	Description	Amount

OTHER EXPENSES

Date	Description	Amount

Total Income	
Total Fixed Expenses	
Total Other Expenses	
Net Balance	

OCTOBER

SUNDAY	MONDAY	TUESDAY	WEDNESDAY
2	3	4	5
9	10	11	12
16	17	18	19
23	24	25	26
30	31	**Notes**	

2022

THURSDAY	FRIDAY	SATURDAY
		1
6	7	8
13	14	15
20	21	22
27	28	29

TO DO

September

S	M	T	W	T	F	S
				1	2	3
4	5	6	7	8	9	10
11	12	13	14	15	16	17
18	19	20	21	22	23	24
25	26	27	28	29	30	

November

S	M	T	W	T	F	S
		1	2	3	4	5
6	7	8	9	10	11	12
13	14	15	16	17	18	19
20	21	22	23	24	25	26
27	28	29	30			

NOVEMBER

Important this Month:

S	M	T	W	T	F	S
		1	2	3	4	5
6	7	8	9	10	11	12
13	14	15	16	17	18	19
20	21	22	23	24	25	26
27	28	29	30			

GOALS

Birthdays and Anniversaries

2021

Initial Balance

INCOME

Date	Description	Amount

FIXED EXPENSES

Date	Description	Amount

OTHER EXPENSES

Date	Description	Amount

Total Income	
Total Fixed Expenses	
Total Other Expenses	
Net Balance	

NOVEMBER

SUNDAY	MONDAY	TUESDAY	WEDNESDAY
		1	2
6	7	8	9
13	14	15	16
20	21	22	23
27	28	29	30

Notes

THURSDAY	FRIDAY	SATURDAY	TO DO
3	4	5	
10	11	12	
17	18	19	
24	25	26	

October

S	M	T	W	T	F	S
						1
2	3	4	5	6	7	8
9	10	11	12	13	14	15
16	17	18	19	20	21	22
23	24	25	26	27	28	29
30	31					

December

S	M	T	W	T	F	S
				1	2	3
4	5	6	7	8	9	10
11	12	13	14	15	16	17
18	19	20	21	22	23	24
25	26	27	28	29	30	31

DECEMBER

Important this Month:

S	M	T	W	T	F	S
				1	2	3
4	5	6	7	8	9	10
11	12	13	14	15	16	17
18	19	20	21	22	23	24
25	26	27	28	29	30	31

GOALS

Birthdays and Anniversaries

MONTHLY BUDGET    2021

Initial Balance	

INCOME

Date	Description	Amount

FIXED EXPENSES

Date	Description	Amount

OTHER EXPENSES

Date	Description	Amount

Total Income	
Total Fixed Expenses	
Total Other Expenses	
Net Balance	

DECEMBER

SUNDAY	MONDAY	TUESDAY	WEDNESDAY
4	5	6	7
11	12	13	14
18	19	20	21
25	26	27	28

Notes

2022

TO DO

THURSDAY	FRIDAY	SATURDAY
1	2	3
8	9	10
15	16	17
22	23	24
29	30	31

November

S	M	T	W	T	F	S
		1	2	3	4	5
6	7	8	9	10	11	12
13	14	15	16	17	18	19
20	21	22	23	24	25	26
27	28	29	30			

January 2023

S	M	T	W	T	F	S
1	2	3	4	5	6	7
8	9	10	11	12	13	14
15	16	17	18	19	20	21
22	23	24	25	26	27	28
29	30	31				

NOTES

www.ingramcontent.com/pod-product-compliance
Ingram Content Group UK Ltd.
Pitfield, Milton Keynes, MK11 3LW, UK
UKHW061829190726
13853UKWH00009B/2523